क़ाश

Gargy Mukherjee

BookLeaf Publishing

India | USA | UK

Presentation by *BookLeaf Publishing*

Web: www.bookleafpub.com

E-mail: info@bookleafpub.com

ISBN: 9789363312524

First edition 2024

ये किताब उन सबके लिए है जो अपनी इच्छाओं को व्यक्त करना चाहते हैं और अंजाम तक पहुंचने का हौसला बनाए रखना चाहते हैं।

"क़ाश कि सबके क़ाश को पूर्णता मिले!"

ACKNOWLEDGEMENT

मैं आभार व्यक्त करना चाहती हूं मेरे परिवार का, विशेष रूप से मेरे पति का जिन्होंने मेरे इस 'क़ाश' की उड़ान को भरने में मेरी सहायता की है। इस किताब की कुछ कविताओं में उनके विचार भी शामिल हैं। उनके विचारों ने मुझे एक सशक्त रास्ता दिखाया और मेरी कलम ने उन विचारों को उनके अंजाम तक पहुंचाया।

मैं आभार व्यक्त करना चाहूंगी मेरे दोस्तों का जो निरंतर मेरी कविताओं को सुनते हैं और मुझे आगे बढ़ने का हौसला देते हैं।

उस सर्वशक्तिमान ईश्वर को मेरा शत–शत नमन जिन्होंने मेरे हाथों में कलम और मेरे 'क़ाश' को पूर्णता दी है।

PREFACE

"क़ाश ये दिल्लगी ना होती
तो आगे का मंज़र यूँ ना होता
क़ाश फ़ासलों में इतनी ताक़त होती
तेरे आईने में मेरा अक्स छुपा होता"

ये कुछ पंक्तियां हैं जिससे मैंने मेरे "क़ाश" की उड़ान में पहला कदम रखा। हम अक्सर सोचते हैं, 'क़ाश ऐसा होता तो क्या होता,' 'क़ाश मैं ये कर पाती,' 'क़ाश मैं वहां जा सकता,' 'क़ाश मुझे मेरी मंज़िल मिल जाए,' 'क़ाश भूखे को खाना मिल जाए,' 'क़ाश वो मुझे समझ सकती और मैं ये बन पाता,' 'क़ाश वो मेरा होता,' 'क़ाश सरहद हमारा सूना ना रहे' और बहुत सारी ऐसी सोच जो 'क़ाश' से शुरू होकर एक अंजाम तक पहुंचती है या फिर अंजाम तक पहुंचने का हौसला देती है। शुरू तो 'क़ाश' से होती है और धीरे-धीरे ज़िंदगी बन जाती है। दूसरी ओर ऐसी बहुत सी कहानियां है जिनके 'क़ाश' को एक मुकम्मल जहां नहीं मिलता।

ऐसे ही कविताओं का गुच्छा है ये 'क़ाश'। मेरी यात्रा शुरू हुई चार पंक्तियों से और देखते ही देखते ये कविताओं का कारवां बन गया। इस किताब में मेरी कविताएं विभिन्न मानसिकताओं को दर्शाती है। समाज की कुछ देखी–अनदेखी परिस्थितियों को हमसे रूबरू करवाती है।

मैं आशा करती हूं कि मेरी इस 'क़ाश' की उड़ान को देखकर मेरे पाठकों के 'क़ाश' को एक 'पर' मिले।

शुक्रिया !

हर घर की एक कहानी हर कहानी का एक घर

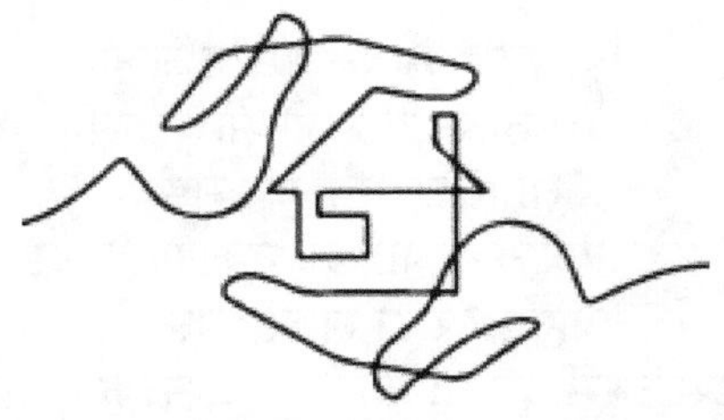

फिरता हूँ मैं बन रमता जोगी
क़ाश ठहर जाऊँ जो सोचूं कभी
तो दिखा एक घर मुझे
जिसका दरवाज़ा खुला था अभी
मैं पहुँच गया मस्तमौला
मांगने दो टुकड़ा रोटी का
घर में खाने का एक दाना नहीं
अंदर से आवाज़ आई तभी
मैं फ़कीर सोचूँ मन ही मन...
हर घर की एक कहानी
हर कहानी का एक घर

फिरता हूँ मैं बन रमता जोगी
क़ाश ठहर जाऊँ जो सोचूं कभी
तो दिखा एक घर मुझे
जिसकी खिड़की पर इक बच्ची थी बैठी
मुस्कान में बड़ी सच्चाई थी
पूछा तो कहा माँ-बाबा दफ़्तर गए हैं
मैं उनका इंतज़ार कर रही हूँ अभी

मैं फ़कीर सोचूँ मन ही मन...
हर घर की एक कहानी
हर कहानी का एक घर

फिरता हूँ मैं बन रमता जोगी
क़ाश ठहर जाऊँ जो सोचूं कभी
तो दिखा एक घर मुझे
जिसके आंगन में बड़ी सी एक गाड़ी खड़ी थी
यहाँ तो रोटी ज़रूर मिलेगी
इस उम्मीद से दरवाज़े पर दस्तक लगाई
आँसू से बोझल आँखें लिए
एक बूढ़ी औरत खाना लेकर आई
माँ... जल्दी करो सामान देख लो
तुम्हें वृद्धाश्रम पहुँचाकर मुझे
जाना है एक ज़रूरी काम से
वाह! रे मेरे मौला ये क्या दिन दिखाया
मैं फ़कीर सोचूँ मन ही मन...
हर घर की एक कहानी
हर कहानी का एक घर

फिरता हूँ मैं बन रमता जोगी
क़ाश ठहर जाऊँ जो सोचूं कभी
तो दिखे कई घर मुझे
जहाँ माँ बच्चे को पढ़ा रही थी
कहीं पत्नी की निगाहें
अपने पति की राह तक रही थी
छुप कर इश्क़ फरमाने का नज़ारा भी देखा
लड़की को लड़की होने की
सज़ा मिलते हुए भी देखा

कहीं सास-बहू में प्यार था तो कहीं थी नफ़रत
ना दिखता मुझे ये सब
गर ना होती रोटी की दो टुकड़ों की ज़रूरत
मैं फ़कीर सोचूँ मन ही मन...
हर घर की एक कहानी
हर कहानी का एक घर

फिरता हूँ मैं बन रमता जोगी
क़ाश ठहर जाऊँ जो सोचूं कभी
ना देखूँगा किसी घर को अब
इस उम्मीद से राह दूजी ली तभी
एक आवाज़ आई ठहर जाओ
घर में कुछ खाना ज़्यादा बन गया है
ज़रूरत हो तो थोड़ा लेकर जाओ
मुड़कर देखा तो एक बूढ़े बाबा थे
सफेद पोशाक में हाथों में चिलम लिए खड़े थे
मैं कुटिया पहुँचा तो देखा एक बच्ची थी
हाथों में खाने की थाली लिए
आसमान को देख रही थी
पूछा तो कहा खाने से पहले
अपने माँ-बाबा से बातें कर रही थी
मैंने कहा चलो साथ खाएँगे
बच्ची ने कहा...
हाँ, बूढ़े बाबा ने कहा आप आएँगे
तभी खयाल आया बूढ़े बाबा हैं कहाँ
घर के बाहर देखा तो
एक चिलम पड़ा था वहाँ
उस बच्ची के हाथों में कोई जादू था
मैं रमता जोगी अब यही मेरा घर था

क़ाश हर घर की कहानी को
एक मुकम्मल जहाँ मिल जाए
क़ाश हर घर की कहानी को
एक सहारा मिल जाए

जो भी हो जैसा भी हो
सच तो बस यही है कि...
हर घर की एक कहानी
हर कहानी का एक घर

ज़िंदगी तेरे बज़्म में

ज़िंदगी तेरे बज़्म में हम यूँ चले आए
क़ाश तेरी जुस्तजू की महक
हमें दूर ले जाए
जहाँ कश्मकश की कोई जगह ना हो
ना हो रूठने की आरज़ू
जहाँ फासलों में भी हो इबादत तेरी
ना हो मिलने की आरज़ू

ज़िंदगी तेरे बज़्म में हम यूँ चले आए
क़ाश तेरी पायल की खनक
हमें दूर ले जाए
जहाँ उम्मीद की कोई जगह ना हो
ना हो कुर्बत की आरज़ू
जहाँ फुरकत में भी हो ख़ुशी की लहर
ना हो क़ाश की आरज़ू

एक फ़ौजी की कहानी

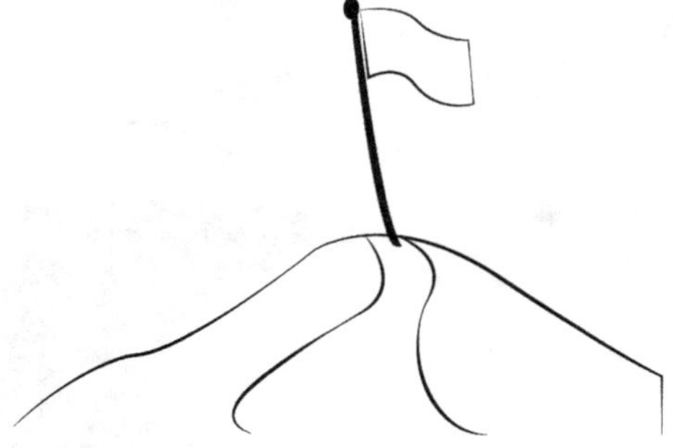

माँ की परेशानी को ख़ूब समझता
बेटा मेरा कुछ लायक बन जाता
कैसे तुम्हें समझाऊँ मैं माँ
औरों की तरह मैं नहीं बनना चाहता
समझ सको तो समझो मुझको
दिल में एक उम्मीद है बस
क़ाश मैं एक फ़ौजी होता

सबकी उम्मीदों पर खरा ना उतरा
मैं सबसे नालायक बेटा था
पापा ने जानने की कोशिश ना की
आख़िर मैं क्या चाहता था
फिर भी उनको कहा था एक दिन
दिल में एक उम्मीद है बस
क़ाश मैं एक फ़ौजी होता

बचपन की चाहतों में
थी तो बस एक दीवार
उस दीवार पर एक गोला बनाया

पत्थरों से लगाए निशाने हज़ार
कोशिशों के परे जो ज़िंदगी थी
आँखों में वो सपना बसाया था
दिल में एक उम्मीद थी बस
क़ाश मैं एक फ़ौजी होता

घर से भागा हुआ मैं अब
कुछ और बरस बीत गए
जो लौटा एक दिन घर को मैं
फ़ौजी की वर्दी लिए
सरहद पर जा रहा था मैं
माँ बाबा को बताना ज़रूरी था
उनका ये नालायक बेटा आज
एक आख़री विदाई चाहता था
मेरी क़ाश ने उड़ान भरी अब
मैं भी एक फ़ौजी था

उस रोज़ गज़ब की बात हुई
पापा की आँखों में आँसू थे
माँ ने हँसकर तिलक लगाया
सरहद की सच्चाई वो जानते थे
माँ ने कहा... विजयी भव:
पापा ने गले लगाया था
मेरी क़ाश को पूर्णता मिली आज
मैं अब एक फ़ौजी था

दुश्मनों से लड़ते हुए प्राणों की आहुति दी मैंने
देखा था जो ख़्वाब कभी आज पूरी कर दी मैंने
कफ़न में लिपटा हुआ तेरा ये बेटा

नालायक कभी नही था माँ
बस अपनी क़ाश को पर देकर
उसे एक फ़ौजी बनना था

गुस्सा जब भी आए मुझपर
आंगन की दीवार को देखना
एक गोला दिखेगा तुमको वहाँ
पत्थर के निशानों में मुझे ढूंढना
मेरी क़ाश की शुरुआत यहीं से है
मेरे होने का वजूद यहीं से है
क़ाश मैं तुम्हें समझा सकता
मेरे फ़ौजी होने की बुनियाद यहीं से है

माँ-बाबा मुझको माफ़ करना
बीच राह छोड़कर मैं चला
बुढ़ापे की छड़ी ना बन पाया मैं
पर एक फ़ौजी बनकर मैं चला
मेरी ख्वाइश बस इतनी है
हर घर से कोई सरहद चले
औरों को देना हिम्मत इतनी
उनकी क़ाश को भी एक पर मिले

फ़ासला

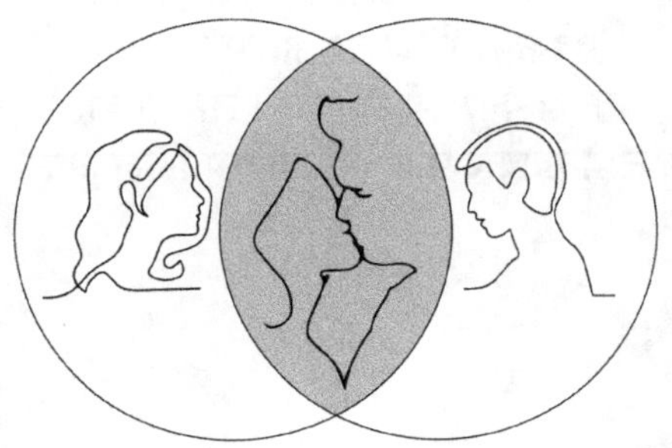

क़ाश ये दिल्लगी ना होती
तो आगे का मंज़र यूँ ना होता
क़ाश फ़ासलों में इतनी ताक़त होती
तेरे आईने में मेरा अक्स छुपा होता

फ़ासला जो बढ़ा तो यूँ बढ़ता ही गया
हाँ... मैंने भी तो कोई पहल नहीं की
इसी ज़िद पर उम्र गुज़ारता रहा
क़ाश इकबार नाम लेके बुलाते तो सही

क़ाश उम्र यूँ ना गुज़रती जैसे रमता जोगी
गर मैंने तेरा नाम लिया होता
क़ाश फ़ासलों में इतनी ताक़त होती
तेरी परछाइयों में मेरा अक्स छुपा होता

फ़ासले ने एक रोज़ हम दोनों को मिलाया
जैसे इश्क़ ने अहम को रास्ता दिखाया
हम दोनों बढ़ रहे थे एक दूजे की ओर
कि तभी सिफ़र तूफान संग आया

क़ाश सिफ़र इतना गहरा हो जाता
इश्क़ से मिलकर अहम खो जाता
क़ाश फ़ासलों में इतनी ताक़त होती
तुझे खोकर पाने का ज़रिया मिल जाता

माँ... क़ाश तुम

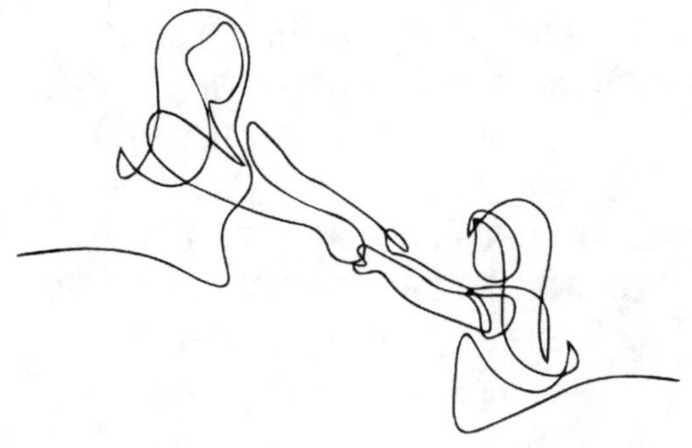

लोरियों की गूंज जो कानों तक पहुँचती
वो नींद कितनी सुकून वाली होती
डाँट कर उठाती सुबह फिर भी
माँ... क़ाश तुम आज मेरे पास होती

स्कूल जाते वक्त जब कभी देर हो जाती
तुम्हारी सूझ-बूझ से वक़्त पर पहुँच पाती
आज अपने आप दफ़्तर जाती हूँ फिर भी
माँ... क़ाश तुम आज मेरे पास होती

कॉलेज के दिन घर लौटने में देर हो जाती
कभी पूछा नहीं मैं कहाँ, क्या करती
आज वक़्त का काफ़ी पाबंद हूँ फिर भी
माँ... क़ाश तुम आज मेरे पास होती

छुपकर रोती हूँ पर खुलकर मैं हँसती
क्या सारी सच्चाई मैं तुम्हें बोल पाती?
हो सकता है तुम मुँह मोड़ लेती फिर भी
माँ... क़ाश तुम आज मेरे पास होती

सुबह होते ही जैसे रात हो जाती
सोना तो चाहूँ पर नींद नहीं आती
लोरियों में तुम्हें महसूस करती हूँ फिर भी
माँ... क़ाश तुम आज मेरे पास होती

जीतकर भी जब सबकुछ हार जाती
तुम्हारी सीख ज़िंदगी को रोशन कर जाती
जानती हूँ तुम साथ हो फिर भी
माँ... क़ाश तुम आज मेरे पास होती

जीने का ज़रिया

क़ाश मेरे काँधे पर सर रखकर
तेरे आँसूओं को पनाह मिल जाए
क़ाश मेरी बाज़ुओं में छुपकर
तेरे धड़कनों को सुकून मिल जाए
क़ाश किस्मत मुड़ कर देख ले एक बार
ठहरती हुई साँसों को...
जीने का एक और ज़रिया मिल जाए

क़ाश मेरे अश्कों में तुम देखो चेहरा अपना
क़ाश तेरी आँखों में मैं रचूं इतिहास अपना
छूने से अगर रूह को पता चल जाता
अश्कों को हँसी आसानी से छल जाता
क़ाश मेरी नज़रों में झाँककर
तुझे ज़िंदगी का पता चल पाए
ठहरती हुई साँसों को...
जीने का एक और ज़रिया मिल जाए

इंतज़ार की घड़ी

क़ाश इंतज़ार की घड़ी कुछ कम हो जाए
रूह रूह से मिले कुछ गुफ़्तगू हो पाए
अच्छा सुनो... क्या मिलोगे कल वहीं ?
ज़िंदगी कुछ यूँ बीत रही है अपनी
क्या पता मिलने का फिर पल ही ना आए
क़ाश ये बादल तुम तक मेरा पैग़ाम पहुँचाए
क़ाश इंतज़ार की घड़ी कुछ कम हो जाए

गर मिल ना पाओ तो यादों में रखना
जब मौका मिले तब एक ख़त लिखना
अच्छा ये बताओ... वो फूल खिला कि नहीं?
पानी ज़रूर देना धूप की फ़िक्र ना करो
सूर्य की तपिश बन मैं रहूँगी वहीं कहीं
क़ाश सूरज की किरणें तुम तक मेरा पैग़ाम पहुँचाए
क़ाश इंतज़ार की घड़ी कुछ कम हो जाए

क्या पता अपना ध्यान रखते हो या नहीं
क्या पता खबरों में मुझे ढूंढते हो या नहीं
अच्छा सुनो...बेटी तो बड़ी हो गई होगी ना हमारी?
गुड़िया रानी बन गई होगी बड़ी सयानी
मीठी-मीठी बातों से वो सबका मन भाए
क़ाश तुम और मैं दोनों उसके पास रह पाए
क़ाश इंतज़ार की घड़ी कुछ कम हो जाए

कल सपनों में तुम्हें मुस्कुराते हुए देखा
और इन कड़वी दवाईओं को हँसते हुए कहा
अब ज़्यादा दिनों का साथ नहीं है हमारा
पता है तुम सबको?
तुम नहीं कोई और है मेरा सहारा
क़ाश इन दवाईओं की कड़वाहट मिठास बन तुम तक
मेरा पैगाम पहुँचाए
क़ाश इंतज़ार की घड़ी कुछ कम हो जाए

डॉक्टर ने कह दिया है अब ठीक हूँ मैं
पागलपन से अब कोसो दूर हूँ मैं
बस कुछ और घड़ी की दूरी है अब
ये बादल ये सूरज गवाह हैं सब
ये पाँच बरस कुछ यूँ गुज़रे है
धुंधली सी अब मेरी ये नज़रें है
क़ाश आँसू की लहरें तुम तक मेरा पैगाम पहुँचाए
क़ाश इंतज़ार की घड़ी कुछ कम हो जाए

तुम लेने नहीं आए कोई बात नहीं
घर का रास्ता मैं अब तक भूली नहीं
ओह! घर का रंग बदल गया है

अरे देखो हमारा पौधा मुस्कुरा रहा है
दरवाज़े पर दस्तक दिल में उम्मीद जगाए
क़ाश मेरी धड़कनों को कोई सुन पाए
इंतज़ार की घड़ी अब ख़त्म होने वाली थी
आँसूओं के परे तुम मुस्कुराते हुए नज़र आए

आख़िर मैं अपने घर आ गई थी
वही आंगन वही कमरा वही रसोई
पर जैसे मैं कहीं नही थी
दरवाज़े पर फिर एक दस्तक़ हुई
खुला तो मेरी गुड़िया सामने खड़ी थी
पूछा कौन हो तुम ?
कुछ कहती कि वो दौड़ के तुम्हारे पास जा चुकी थी
हँसकर मैंने उसे गले लगाया
और कहा माँ हूँ मैं तुम्हारी
ना जाने क्यों तुम्हारी नज़र कुछ और कह रही थी
क़ाश रूह की कश्मकश कुछ और रंग लाए
अब जो भी इंतज़ार है वो ख़त्म हो जाए

कमरें में जाते ही जो तस्वीर दिखी
मैं नहीं तुम्हारे साथ कोई और दिखी
मैं तो यूँ हँस पड़ी मानो पागलपन का दौरा हो
पाँच बरस पहले तो सच था
पर आज हँसी पर नाटक का पर्दा था
किसी से लड़ने की कोई ख़्वाईश नहीं थी
घर मेरा था पर मैं इस घर की नहीं थी
बेड़ियों में जकड़कर मैं फिर जा रही थी
रास्ते वही थे पर मंज़िल बदल चुकी थी
डॉक्टर से हँसकर कहा अब यही मेरा घर है

नज़रों से पता था उन्हें सच की ख़बर है
क़ाश ख़त की या मिलने की कोई उम्मीद ना होती
क़ाश इंतज़ार की घड़ी कभी ख़त्म ना होती

सुंदरता... एक एहसास

क़ाश कोई प्यार से दो लफ़्ज़ बोल दे
तो दिल को लगे... मैं सुंदर हूँ ।।
क़ाश कोई सीनें से लिपटकर रोए
तो दिल को लगे... मैं सुंदर हूँ ।।
क़ाश कोई इन हाथों को लेकर
अपनी धड़कनों को महसूस करवाएँ
तो दिल को लगे... मैं सुंदर हूँ ।।
क़ाश कोई अपने हाथों से मेरे गेसुओं को सँवार दे
तो दिल को लगे... मैं सुंदर हूँ ।।
क़ाश कोई कानों में चुपके से कह दे
तिश्नगी हो तुम मेरी
तो दिल को लगे... मैं सुंदर हूँ ।।
आंखों की रौशनी चली गई है तो क्या
क़ाश तुम्हें छूकर खुद को जो महसूस कर पाऊं
तो दिल को लगे... मैं सुंदर हूँ ।।

मुस्कुराहट

क़ाश कोई मुस्कुराने की वजह ना पूछे
किसी से किया हुआ वादा निभा रहें हैं
तिश्नगी थी उनके दिल में जगह बनाने की
इस कारण जीने के सौ तरीकें ढूँढे जा रहे हैं

क़ाश कोई नज़रें झुकाने की वजह ना पूछे
मोती बन आँसुओं को गिनते जा रहे हैं
बेशुमार दौलत इन आँखों में लिए
हम टुकड़ों में कीमत अदा किए जा रहे हैं

क़ाश कोई दिल में उठी लहर की वजह ना पूछे
डोली में दीया सजाए लिए जा रहे हैं
उस रोज़ वादा जो किया था तुमसे
मुस्कुराहटों में खुदको छिपाए लिए जा रहे हैं

मन... तू यूँ ही मुस्कुराता

क़ाश दिल की गहराईयों में झाँककर
अश्कों को आँखों में छुपाकर
मन... तू यूँ ही मुस्कुराता

क़ाश ज़ुबान से लफ़्ज़ों को बोलकर
फिर स्याही से पन्नों पर उतारकर
मन... तू यूँ ही मुस्कुराता

क़ाश दिल को बच्चा समझकर
उसकी नादानियों को देखकर
मन... तू यूँ ही मुस्कुराता

क़ाश नज़रों की अठखेलियों को जानकर
उनकी मोहब्बत को दिल में उतारकर
मन... तू यूँ ही मुस्कुराता

क़ाश आईने में खुद को देखकर
अपनी रूह को पहचान कर
मन... तू यूँ ही मुस्कुराता

क़ाश दूसरों की बातों में ना उलझकर
अपनी अस्तित्व पर यक़ीन कर
मन... तू यूँ ही मुस्कुराता

मन... तू मुस्कुराना छोड़ ना देना
अपने होने पर सदा यक़ीन रखना
मिले ना सही पर देने का मौका गवा ना देना
किसी और के बोझ तले ख़ुद को दबा ना देना
मन... तू मुस्कुराना छोड़ ना देना
अपने होने पर सदा यक़ीन रखना

क़ाश ये यक़ीन किसी को मुस्कुराना सिखा दे
वक़्त बेवक़्त किसी को जीना सिखा दे
हमारा क्या है, आज है, कल नहीं
समेटें हुए कुछ पल हैं यहीं
जो धरती हँसना भूल जाए
तो देखना उस अम्बर को
वादा है हमारा
हम दिखेंगे वहाँ मुस्कुराते हुए कहीं।।

साथ

जाते-जाते वो हमको ये बता जाएँगे
हम आएँ ना आएँ हम याद आएँगे
ये गलियाँ ये महफ़िल ये हसीन वादियाँ
तोहफ़ा दामन में तुम्हारे हम दे जाएँगे

रखना इसको सदा मुस्कुराते हुए
बाँधना ये महफ़िल गुनगुनाते हुए
प्यार की ये कली फूल ना बन पाए तो क्या
क़ाश ये गलियाँ दिखे जगमगाते हुए

हम घूमा करेंगे इन गलियों में कहीं
तुम्हें ढूँढा करेंगे इन महफ़िलों में कहीं
जो साथ हम ना गुनगुना पाएँ तो क्या
साथ मुस्कुराते दिखेंगे हम कहीं ना कहीं

पास रहकर अगर शोर बढ़ता ही जाए
एक दूजे की आवाज़ हम सुन ही ना पाए
जिस्म का क्या है आज है कल नहीं
क़ाश दूर रहकर प्यार हमारा आबाद हो जाए

सरहद

हवा का झोंका तुम्हारा पैग़ाम दे गया
बिखरी हुई ज़ुल्फ़ों से गुफ़्तगू कर गया
कुछ कहने की कोशिश जो की हमने
होठों पर अपना निशान दे गया
दिल के किसी कोने में इक हूक सी उठी
हया की ओढ़नी जिस्म से लिपटी जा रही थी
ख़ुद को समेटने की कोशिश जो कि हमने
आसमाँ में तुम्हारा चेहरा बना गया

क़ाश ज़ुल्फ़ों को समेटने तुम आ जाओ
क़ाश ओढ़नी बन हवा में तुम मुस्कुराओ
ये सोचकर आँखें जो झुकाई हमनें
दरवाज़े पर तभी दस्तक दी किसी ने
खोला तो सिपाही सीना तान कर खड़े थे
हाथों में तुम्हारी वर्दी लिए खड़े थे
सरहद की सच्चाई अब मेरे सामने थी
कफ़न में तुम कितने शांत नज़र आ रहे थे

क़ाश आसमाँ मे तुम्हारा चेहरा रोज़ दिखे
क़ाश हया की ओढ़नी यूँ सीने से लिपटी रहे
दामन हमारा सूना तो क्या
सरहद हमारा कभी सूना ना रहे

गुलशन

दिन हो तो बस ऐसा हो
सब कुछ खिला-खिला सा
फूल मुस्काए पत्तों की सरसराहट से
सूरज की किरणें बने शरारा
क़ाश हम सब साथ रहें यूँही
गुलशन हो हरा-भरा सा

भंवरा आए शहद की चाह से
फूल माँ की तरह सहलाए
दिन ढले और पंछियों की राह देखे
चंदा चादर ओढ़ सुलाए
क़ाश सूरज की पहली किरण को देख
गुलशन भी मुस्कुराए

ठंडे पानी का वो झरना
जो सबकी प्यास बुझाए
पशु चाहे कोई भी हो
नियम एक समान बनाए
क़ाश इस ज़मी में पनाह मिले सभी को
गुलशन बोल-बोल इतराए

एक सुबह की बात है
दूर कहीं शोर मचा
इंसानों का एक कारवां
दूर से आते दिखा
क़ाश कोई अनहोनी ना हो
गुलशन करे शांति की दुआ

फूल-पत्ते टहनियों से लिपट गए
भंवरा भी कहीं छिप गया
पंछिया उस भोर दिखे ही नहीं
झरना भी दिखा वीरान सा
क़ाश इंसानों के मन को पढ़ पाऊँ
गुलशन सोच में पढ़ गया

देखते ही देखते पेड़ कटने लगे
गुलशन कुछ ना कर पाया
फूल पत्ते मुरझा गए
पंछियों का आशियां लुट गया
क़ाश इंसानों को कोई समझाए
गुलशन था हाथ जोड़ खड़ा

सूखी पत्तियां वीरान टहनियां
जर्जर ज़मी और कई कहानियां
क्या पंछी क्या जानवर
इंसान संग हवा करे हाहाकार
क़ाश आसमां से दो बूंद गिरे
गुलशन लगाए यही गुहार

वहीं दूर कहीं मंदिर की घंटी बजी
बच्चे की किलकारियां गूंज उठी
खुश होकर किसान ने पौधा लगाया
ज़मी जैसे फिर झूम उठी
क़ाश एक पौधे से हो दूजा एक और
गुलशन सोचकर मुस्कुराता दिखा

पौधे ने जो फल दिया
फल से एक बीज मिला
बीज गया धरती के अंदर
उससे एक और पौधा हुआ
क़ाश ये ज़मी हो फिर हरी भरी
गुलशन ये सोच झूम उठा

देखते ही देखते जंगल खिल उठा
पंछियों को सही आशियां मिला
नदी की लहर में चमत्कार हुआ
एक घाट पर दिखे पशु और इंसान
क़ाश ये दिन अब ऐसा ही रहे
गुलशन संग इंसान भी करे यही दुआ

बारिश

ये बारिश की बूंदें
और तुम...
बादलों से झाँकती हुई यादें
और तुम...
आसमान को ताकती हुई आँखे
और तुम...
दिल से निकली हुई फरियादें
और तुम...
क़ाश ये लम्हा थम जाए
इक हूक सी उठे दिल में
और एकाएक आ जाओ तुम ।।

वक़्त

सुबह दफ़्तर जाते वक़्त सुनती हूँ
माँ... तुझे दिनभर मैं याद करता हूँ
दिल को मैं बस यही कह पाती
क़ाश तेरे लिए कुछ वक़्त ढूँढ लाती

घर लौटकर जब सुनती हूँ
माँ... मैं कबसे इंतज़ार कर रहा हूँ
दिल को मैं बस यही कह पाती
क़ाश तेरे लिए कुछ वक़्त ढूँढ लाती

दोपहर को साथ क्यूँ नहीं खाते हैं माँ
मेरे पास कहने को कुछ नहीं होता
दिल को मैं बस यही कह पाती
क़ाश तेरे लिए कुछ वक़्त ढूँढ लाती

फिर भी जब मुझे गले लगाकर
कोई बात नहीं माँ... ये कहकर
मेरे गालों को तू प्यार से चूमता
दिल को मैं बस यही कह पाती
क़ाश तेरे लिए कुछ वक़्त ढूँढ लाती

आज वक़्त ही वक़्त है मेरे पास
तुझसे दो पल मिलने की आस
रखती हूँ मैं दिल में छुपाए
कहीं तुझे कुछ समझ ना आए
आज भी...
दिल को मैं बस यही कह पाती
क़ाश तेरे लिए कुछ वक़्त ढूँढ लाती

फिर भी जब तू मुझे गले लगाता
और ये कहता... माँ कोई बात नहीं
दिल को एक तसल्ली मिलती
तू है मेरे आस पास कहीं
बेटा... तुझसे बस इतना कहना है
वक़्त जो तुझे मैं दे ना सकी
वो वक़्त भी तेरे लिए ही था
तेरे अरमानों को एक पर मिले
तेरी माँ का बस यही सपना था
क़ाश तेरा हर सपना पूरा हो
ये आस लिए अब बैठी हूँ
मैं साथ रह सकूँ एक उम्मीद की तरह
ये क़ाश लिए अब बैठी हूँ

सौग़ात रूह की

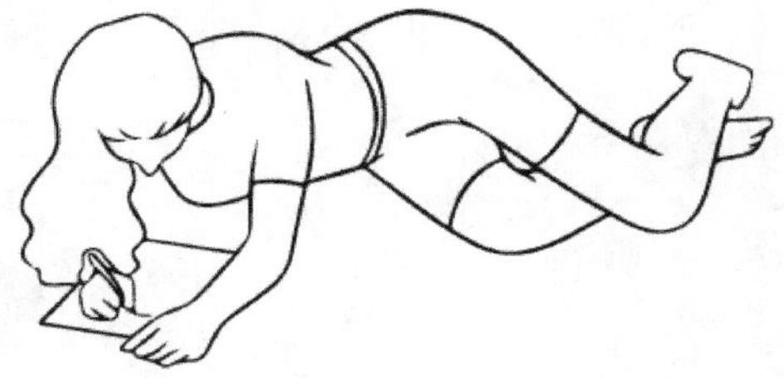

क़ाश तेरी रूह को सौग़ात मिले मेरी रूह से
क़ाश मेरी दीवानगी को तेरे दिल में पनाह मिलें
अल्फ़ाज़ जो निकले मेरे स्याही से कहीं
बड़ी सादगी से तेरे नज़रों की ओर चले

मेरी कलम जो कभी लड़खड़ाने की कोशिश की
क़ाश तेरे होने से उसे एक उम्मीद मिले
तेरे ज़ज़्बातों से जो उभरे मेरे लफ्ज़ कभी
मेरा दिल फिर तेरे क़ाश की ओर चले

क़ाश बहू को बेटी मान लेती

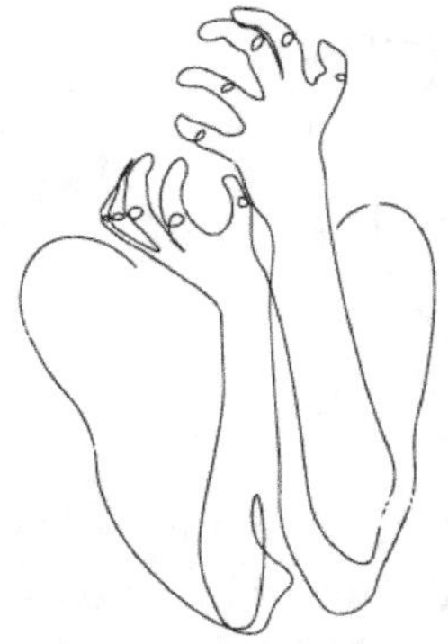

माँ...मेरी फिक्र ना करो
यहाँ सब कुछ ठीक है
बहू को बेटी मानते हैं सब
ये बहुत बढ़ी एक सीख है
होठों पर हँसी है लेकिन
भाभी के आँसू मुझे सताते
एक बात जो मेरी जान लेती
क़ाश बहू को बेटी मान लेती

ये खयाल तो ठीक नहीं
बेटी को सर का ताज कहें
जब बारी आई अपने बहू की
उसको नज़रअंदाज़ करें
बेटी के लिए जो अच्छा है माँ
बहू के लिए कुछ अलग नहीं
एक बात जो मेरी जान लेती
क़ाश बहू को बेटी मान लेती

मेरी सास ने कह दिया है
मैं उन्हें माँ कह सकती हूँ
ना वो देखती तीखी नज़रों से
ना मैं उनसे डरती हूँ
जब प्यार से मुझे गले लगाती
भाभी मुझे बहुत याद आती
एक बात जो मेरी जान लेती
क़ाश बहू को बेटी मान लेती

बेटी ससुराल में राज करे
हर पिता का ये सपना है
बहू भी किसी की बेटी है
तो उसको क्यूँ पीसना है
पढ़कर बेटी अफसर बने
बहू चूल्हे में ज़िंदगी झोंकती
एक बात जो मेरी जान लेती
क़ाश बहू को बेटी मान लेती

समाज हमारा ऐसा क्यूँ है
दोगलेपन से भरा हुआ
बेटी को खतरे से बचाते गए
बहू को आग में झोंक दिया
बेटी तो ससुराल चली गई
अब बहू ही घर संभालती
माँ... क़ाश तुम ये समझ पाती
क़ाश बहू ही आवाज़ उठाती

तो शायद वो आज मेरा होता

क़ाश इस क़ाश की कोई सीमा होती
क़ाश इस क़ाश का कोई ज़रिया होता
मैं समेट के रखती सपनों को
तो शायद वो आज मेरा होता

क़ाश इस क़ाश की कोई कशिश होती
क़ाश इस क़ाश का कोई वास्ता तुमसे होता
मैं बिखरने ना देती ज़िंदगी को यूँही
तो शायद वो आज मेरा होता

क़ाश इस क़ाश की कोई हस्ती होती
क़ाश इस क़ाश का कोई ज़ुबान होता
मैं बोल पाती जो दिल खोलकर
तो शायद वो आज मेरा होता

ज़िंदगी नाउम्मीद तो नहीं

किसी से उम्मीद करना गुनाह है
किसी के सामने रूठना मना है
औरों को देखा तेरे पास रोते हुए
फिर मेरे आँसू के लिए क्यूँ सज़ा है
दिल मुड़कर सोचता है फिर...
ज़िंदगी नाउम्मीद तो नहीं
क़ाश ये नाराज़ हो ना जाए

तुझे देखा रोते बिलखते हुए
गर जुदा कोई हो रहा तुझसे
जब मैं देखूँ तुझे दूर जाते हुए
फिर क्यूँ मेरे लिए नियम अलग तुझसे
दिल मुड़कर सोचता है फिर...
ज़िंदगी नाउम्मीद तो नहीं
क़ाश ये नाराज़ हो ना जाए

तुझे देखा मुस्कुराते हुए
जब कोई ख़ुशी से झूम उठे
गर मैं हो जाऊँ खुश किसी कारण
और वो रूठे है किसी कारण

तो क्यूँ देखा तुझे तड़पते हुए
क्या उम्मीद करना गुनाह था
कि तू दिखे मुस्कुराते मेरे लिए
दिल मुड़कर सोचता है फिर...
ज़िंदगी नाउम्मीद तो नहीं
क़ाश ये नाराज़ हो ना जाए

अब उम्मीद का दामन छोड़ने की बारी है
अब तुझे तेरे हाल पे छोड़ने की बारी है
खुश रहना जहाँ रहोगे तुम
मैं रहूँगी आस पास रूह रहेगी तुम्हारे संग
क़ाश को भी तो ये समझना होगा
ज़िंदगी नाउम्मीद तो नहीं
फिर ज़िंदगी से नाता जोड़ना होगा

ज़िंदगी से प्यार करना भूल गई थी
खुद के लिए वक़्त निकालना भूल गई थी
अब जब उम्मीद नहीं ना कोई आरज़ू
प्यार ही प्यार है दिल में हरसू
जुस्तजू है खुद के रूह की
क़ाश को संग लिए
इस क़ाश की कोई सीमा ना हो
ज़िंदगी से मोहब्बत करने के लिए

मेरी कलम के ज़रिए

क़ाश मेरी कलम के ज़रिए
तेरे असितव को राह मिले
उस हाथ को तू रोक सके हमेशा
जो अनचाहा तेरी ओर चले

क़ाश मेरी कलम के ज़रिए
तेरे दृष्टिकोण को राह मिले
मन को वश में रख तू हमेशा
मन तुझको कभी ना तोल सके

क़ाश मेरी कलम के ज़रिए
तेरे स्वाभिमान को राह मिले
सच्चाई संग तू चले हमेशा
कोई अपमान तुझे ना झुका सके

क़ाश मेरी कलम के ज़रिए
तेरी भक्ति को राह मिले
धर्म की राह पर तू चले हमेशा
कोई द्यूत की रचना फिर कर ना सके

एक ही सच

बशर तेरी बिसात इतनी
कि बिसात बन गई पूरी क़ायनात
ग़ुलाम बन गया तू ख़ुद अपना
वाह रे वाह तेरे ख़यालात

ज़िंदगी की शानों में बिखरे हुए तेरे ये ख़्वाब
उनींदी आँखों को जगा देती ऐसे
जैसे कि कोई आफ़ताब
क़ाश कि तू देख लेता उस एक सच को
सुकून में लिपट जाता तेरा हर एक ज़ज़्बात

मेरी काश की उड़ान

सूर्य की तपिश क़ाश इतनी ना होती
रोशन मुझको करने के लिए
ख़ुद को इतनी जलाई ना होती
रात को चंदा बन संग चलती वो मेरे
जागती वो ताकि मैं चैन से सो पाती

मेरा दृढ़ निश्चय सूर्य की तपिश से है
मेरा समर्पण निर्मल चंद्रमा से है
अमावस तो आएगी और गुज़र जाएगी
मेरी क़ाश की उड़ान तो बस पूर्णिमा से है

ऐ क़ाश मेरा अनुशासन यूँ बना रहे
कि मेरी तपिश से ये जहाँ जगमगाता रहे
जैसे सूर्य जलता है औरों की खातिर
मेरी रोशनी भी बिखरे बस औरों के लिए

क़ाश:एक मुकम्मल

क्या पाया और क्या खोया ऐ ज़िंदगी
क़ाश कि ये बातें ही ना होती
पाके खोने का गम और खोके फिर से पाने की आस
क़ाश ये बातें ओझल हो जाती

हसरतों की प्यास क़ाश कि खो जाती
ख्वाइशों की लड़ियाँ क़ाश ग़ुम हो जाती
ख्वाबों की झड़ियाँ क़ाश और ना होती
क़ाश कि एक लम्हा मिल जाता बस सिफ़र से भरा
क़ाश कि इस क़ाश में ज़िंदगी मुकम्मल हो जाती

क़ाश:एक मुकम्मल

क़ाश

जुस्तजू इस क़ाश की जो मुझे ना होती
सपनों की उड़ान फिर मैं कहाँ भर पाती
लफ्ज़-दर-लफ्ज़ ना उतरते पन्नों पर
और स्याही कलम से मुँह मोड़ लेती

लुत्फ़-ए-ख़ास की चाह जो ना होती
क़ुर्बत की ख़्वाईश ना तुमसे हो पाती
क़ाश तिश्नगी मेरी बोलती सर चढ़कर
पन्नों पर कलम अपना निशाँ छोड़ जाती

रहना क़ाश तू कुछ यूँ संभलकर
लबों पर तबस्सुम लिए चलना यूँही
रंग स्याही का कुछ भी हो लेकिन
देना ना कभी अपनी आहुति कहीं